(N° 117)

CATALOGUE

D'ESTAMPES

LITHOGRAPHIES

ET

EAUX-FORTES MODERNES

Par et d'après Bellangé, Bracquemond, Calamatta,
Charlet, Daubigny, Decamps, Eug. Delacroix, G. Doré, Flameng, F. Gaillard,
Géricault, Ch. Jacque, Lalanne,
Meissonier, C. Nanteuil, Prudhon, Raffet, Rajon, Traviès, Vion, etc.

AFFICHES DE CHÉRET

DESSINS

LITHOGRAPHIES ET GRAVURES EN LOTS

DONT LA VENTE AUX ENCHÈRES PUBLIQUES AURA LIEU

HOTEL DES COMMISSAIRES-PRISEURS, RUE DROUOT, 9

SALLE N° 8

Le Samedi 3 Décembre 1892, à deux heures précises.

Par le ministère de Me **MAURICE DELESTRE**, Commissaire-Priseur,
Rue Drouot, 27.

Assisté de **M. DUPONT** aîné, marchand d'estampes,
rue de Seine, 21.

PARIS, 1892

CONDITIONS DE LA VENTE

Elle sera faite au comptant.

Les Acquéreurs payeront CINQ POUR CENT en sus des enchères, applicables aux frais de vente.

M. DUPONT, chargé de la vente, se réserve la faculté de réunir ou de diviser les lots.

Pour les dessins, nous avons conservé les attributions de l'amateur.

L'ordre du Catalogue sera suivi, sauf pour les Affiches, qui seront vendues à la fin de la vente.

DÉSIGNATION

ESTAMPES

1 — **Adam** (V.). Études de chevaux et sujets divers. Trente pièces.

2 — **Bahuet** (A.). Le général Prim, d'après Regnault, in-fol. Epreuve de remarque.

3 — **Bellangé** (H.). La garde meurt et ne se rend pas, — Croquis inédit de la campagne de Crimée. Deux pièces, très belles.

4 — — Épisodes de la guerre de Crimée, in-fol. Huit pièces sur chine.

5 — — Sujets militaires et autres, tirés d'albums. Vingt-six pièces.

6 — **Bellangé** (d'après). Napoléon reçoit le portrait de son fils, — Napoléon visitant l'ambulance, par Rollet et Jazet, grand in-fol. Deux pièces, très belles épreuves.

7 — — Wagram, — Somo-Sierra, par Rollet, grand in-fol. Deux pièces, très belles épreuves.

8 — — Le Départ des conscrits, — Le Retour au pays, par Alex. Jazet, grand in-fol. Deux pièces, très belles épreuves.

9 — — Le Rappel du conscrit, — La Marche forcée, — Le Champ de bataille, par Jazet, grand in-fol. Trois pièces.

10 — — Marengo, — Austerlitz, — Eylau, — Moskowa, par Marin-Lavigne, grand in-fol. Six pièces lithographiées.

11 — **Beyer** (Ch.). Étable à moutons. Épreuve d'artiste avant toute lettre.

12 — **Bléry** (Eug.). Paysages gravés à l'eau-forte. Treize pièces, épreuves d'artiste.

13 — **Boulard** (A.). Mon ancien régiment, d'après Detaille. Très belle épreuve.

14 — **Bracquemond.** Son portrait, par Rajon. Épreuve d'artiste, tirée sur papier gris.

15 — — Labor, d'après Millet. Très belle épreuve.

16 — — Un Tournoi, d'après Rubens. Épreuve avant toute lettre. Avec dédicace, signée.

17 — — Le Haut d'un battant de porte, — L'Inconnu, — Vanneaux et Sarcelles, — Les Taupes, — Scène du moyen âge, etc. Sept pièces, très belles épreuves.

18 — — Ils s'en allaient dodelinant..., — Scène du moyen âge, d'après Bonnington, avant la lettre. Deux pièces.

19 — — Le Corbeau, — Vue du pont des Saints-Pères, etc. Cinq pièces.

20 — **Brevière.** Suite de trois vignettes, d'après Tony Johannot, pour *Stello*. Épreuves sur chine volant.

21 — **Calamatta.** Portrait de M. Guizot, in-4°. Très belle épreuve sur chine.

22 — — Napoléon, de profil, in-fol. Très belle épreuve sur chine.

23 — — George Sand, in-fol. Très belle épreuve sur chine.

24 — **Callot** (J.). Les Bohémiens, — Les Misères de la guerre, — Les Gueux, etc. Trente-sept pièces.

25 — **Casenave.** Jugement et exécution de Louis XVI et de Marie-Antoinette, d'après Bouillon, in-fol. Cinq pièces.

26 — **Chaplin** (Ch.). Eaux-fortes originales et lithographies. Douze pièces, dont plusieurs avant la lettre.

27 — **Charlet**. — Les Pénibles adieux, — Il m'en reste encore un pour la patrie, — L'Aumône, — La Manie des armes, — Au Commandement de Halte ! — La Boule de neige, — Papa, dada, etc., in-fol. Quinze pièces, très belles épreuves.

28 — — Fantaisies, — Garde impériale, etc. Seize pièces.

29 — — Sujets divers et pièces tirées d'albums. Vingt pièces.

30 — — Sujets tirés d'albums. Environ cent pièces.

31 — **Chifflart.** Caprices et Improvisations. Cahier contenant douze pièces, très belles épreuves d'artiste sur parchemin.

32 — **Daubigny** (C.). Cérémonie de l'Inauguration de la colonne de Juillet et Translation des restes des victimes des journées de Juillet 1830, sur la place de la Bastille. Très belle épreuve avant la lettre. Très rare.

33 — — L'Arbre aux corbeaux. Très belle épreuve avant la lettre sur chine, le nom de l'artiste à la pointe.

34 — — Eaux-fortes diverses. Onze pièces.

35 — **Decamps.** Lithographies originales et sujets lithographiés et gravés d'après lui. Trente-trois pièces.

36 — **Delacroix** (Eug.). Faust. Suite complète de dix-huit pièces, belles épreuves. Avec la couverture.

37 — — Hamlet. Suite complète de seize pièces sur chine. Avec la couverture.

38 — — Lithographies et eaux-fortes originales, etc. Vingt-six pièces.

39 — — Sujets divers lithographiés et gravés. Quinze pièces.

40 — **Delâtre** (Aug.). Eaux-fortes et pointes sèches. Six pièces avant la lettre, avec couvertures.

41 — **Delierre** (Aug.). Dix vignettes en têtes de pages pour les *Fables* de La Fontaine. In-8. Épreuves sur grand papier de chine, avec le bon à tirer.

42 — **Desmoulins**. Portrait de femme, d'après Louise Abbéma, — Portrait de femme, d'après Henner. Deux pièces. Épreuves de remarque sur japon.

43 — **Desvachez**. La Cruche cassée, d'après Greuze. Épreuve d'artiste sur chine, avant toute lettre.

44 — **Detaille, Desboutin** et **Lessore**. Sujets et paysages gravés à l'eau-forte. Cinq pièces.

45 — **Devéria** (Ach.). Naissance de Henri IV, — Jugement de Marie Stuart, in-fol. Deux pièces, très belles épreuves.

46 — — Portraits lithographiés. Neuf pièces.

47 — — Sujets tirés des œuvres de Walter Scott, Sujets de genre, Costumes. Vingt-deux pièces en noir et coloriées.

48 — **Doré** (G.). Lithographies originales, in-fol. Douze pièces; plusieurs sont avant la lettre.

49 — — Portrait de Rossini, — Enfants surpris par un garde, par Ramus, in-fol. Deux pièces avant la lettre sur chine.

50 — — La Marseillaise, — La Guerre, par Girardet, — Rossini sur son lit de mort, in-fol. Trois pièces.

51 — — Fumés et épreuves sur chine pour les Fables de La Fontaine, les Contes de Perrault, l'*Enfer*, de Dante. Soixante-seize pièces.

52 — **Flameng** (Léop.). Le Prêche, — Le Cabaret de la mère Marie, — La Californie, — La Rue de la Vieille-Lanterne, etc. Onze pièces.

53 — **Forster** et **Strange**. La Maîtresse du Titien, — Vénus et Cupidon, d'après le Titien. Deux pièces, belles épreuves.

54 — **François** (J.). Portrait de Madame Paul Delaroche, d'après une médaille. Epreuve d'artiste sur chine, avec dédicace signée. Très rare.

55 — **Gaildrau** (J.). L'Armée française, 1855, in-fol. Suite de vingt-quatre pièces avant la lettre, coloriées.

56 — **Gaillard** (F.). Son portrait par T. de Mare. Très belle épreuve d'artiste sur japon, signée.

57 — — Le Condottiere, d'après Antonello de Messine. Très belle épreuve sur chine, grand papier.

58 — — La Vierge au Donateur, — Gattamelata. Deux pièces sur chine.

59 — — Mgr Bouvier, évêque du Mans. Epreuve d'artiste sur chine, avec dédicace signée.

60 — — Chateaubriand, d'après Girodet, in-fol. Epreuve d'artiste sur chine, avec dédicace signée.

61 — — Académies d'hommes, concours de 1852 et 1856. Deux épreuves d'artiste, avec dédicace, signées.

62 — **Garneray** (H.). Vue de Rouen, — Vue de la place Vieille, à la Havane, — Vue de la promenade de Saint-François de Paule. Trois pièces, belles épreuves en couleur.

63 — **Gaujean**. La Vierge à la grappe, d'après Luini. Epreuve d'artiste avant toute lettre.

64 — **Gavarni**. La Procession du diable,— Barrières de Paris, — Portrait de Henri Monnier, — M. et Mme Taigny. Sept pièces en noir et coloriées.

65 — — Les Débardeurs, — Le Carnaval, — La Jeunesse de Jean-Jacques Rousseau, et autres. Vingt-trois pièces en noir et coloriées.

66 — **Géricault**. Grandes études de chevaux, publiées par Gihaut. Neuf pièces.

67 — — Son portrait avant la lettre, — Le Maréchal ferrant, — Etudes d'animaux, etc. Dix pièces.

68 — **Gill**. Caricatures de personnages politiques, in-fol. Douze pièces.

69 — **Girard** (F.) et **Lignon.** Mlle Sontag, d'après Paul Delaroche, — Talma, d'après Picot, in-fol. Deux pièces, très belles épreuves avant la lettre.

70 — **Girodet**. Les Amours des dieux, un album cart., — Etudes de figures et divers sujets. Un lot.

71 — **Grandville** et **Gérard-Fontalard.** Caricatures et Scènes de mœurs. Soixante-trois pièces en noir et coloriées.

72 — **Gudin** et **Isabey** (E.). Essais à l'eau-forte, par T. Gudin, — Marines, lithographies. Quatorze pièces.

73 — **Guérard** (H.). Série de dix eaux-fortes pour les *Châtiments* de Victor Hugo. Epreuves d'artiste sur chine volant.

74 — — Etudes de têtes et sujets gravés à l'eau-forte. Huit pièces.

75 — **Guillaumot** fils. Costumes du dix-huitième siècle. Dix-neuf pièces.

76 — **Henriquel-Dupont**. Mirabeau à la tribune, d'après Paul Delaroche. Belle épreuve sur chine.

77 — — A. Brongniart, directeur de la manufacture de Sèvres, — Cavelier, statuaire, in-fol. Deux pièces, épreuves d'artiste.

78 — — Alex. Sauvageot, in-fol. Epreuve d'artiste sur chine. Rare.

79 — **Hervier** et **Chifflart**. Eaux-fortes. Huit pièces.

80 — **Hervier** et Ch. **Jacque.** Paysages, 1843, — Scènes villageoises, portraits. Quinze pièces.

81 — **Isabey** (d'après). Costumes du sacre de Napoléon, in-fol. Huit pièces, épreuves d'artiste.

82 — **Jacque** (Ch.). Paysages et sujets gravés à l'eau-forte. Treize pièces, la plupart avant la lettre.

83 — **Jacque** (Ch.). Eaux-fortes et lithographies. Quatorze pièces, dont plusieurs avant la lettre.

84 — **Jacque** (Fréd.). L'Étable à moutons. Très belle épreuve de remarque sur hollande, signée.

85 — **Jacquemart** (J.). Miroir français du seizième siècle. Très belle épreuve sur chine, grand papier.

86 — — Richard Wallace, avant la lettre. — Statues et sujets tirés de catalogues. Sept pièces.

87 — **Jolivart.** Paysages gravés à l'eau-forte. Six pièces, très belles épreuves d'artiste sur chine.

88 — **Jongkind** et **Toudouze.** Marines, — Sujets de genre. Sept pièces, la plupart avant la lettre.

89 — **Kratké.** La Mare, d'après Th. Rousseau. Très belle épreuve.

90 — **Lalanne** (Max). Les Bords de la Seine, près d'Argenteuil, — Les Bords de la Seine à Bezons. Deux pièces, très belles épreuves.

91 — — Dives, — Vue du port de Dives, — Plage d'Houlgate, — Près Houlgate, — Plage des Vaches-Noires. Cinq pièces, belles épreuves.

92 — — Port de Bordeaux, — A Cusset, — Une rue de Barcelone, — Le Pigeonnier, — Dans un parc. Cinq pièces.

93 — **Lalauze** (Ad.). Portraits d'après les pastels du musée de Saint-Quentin. Vingt-quatre pièces avant la lettre.

94 — **Lamotte** (Alph.). Fille d'Ève, d'après Faléro. Épreuve d'artiste sur chine, signée.

95 — — Le Lion amoureux, d'après Weiss. Épreuve d'artiste sur chine, signée.

96 — — Mgr Guibert, archevêque de Paris, in-fol. Epreuve d'artiste sur chine.

97 — **Lefort** (H.). Noce juive, d'après Eug. Delacroix. Epreuve de remarque avec dédicace signée.

98 — **Leguay** (E.). Le Mot d'ordre, d'après Leleux, — Les Chantres, d'après Somers, — Une Ribaude, d'après Racinet. Trois pièces, épreuves d'artiste, avec dédicace.

99 — **Leloir** (L.), **Manet** et **Legrand**. Un Raffiné, — Une Parisienne, — La Fin. Trois pièces avant la lettre.

100 — **Lepic.** Griffon d'Ecosse, in-fol. Très belle épreuve. Rare.

101 — **Lévy** (G.). Béranger, dans un paysage, in-fol. Epreuve d'artiste sur chine.

102 — **Lœillot** et **Dantan.** Scènes du drame de Wallenstein, par Schiller, — Portraits-charges, photographies. Ensemble trente-sept pièces.

103 — **Marlet.** Une nuit de la garde nationale. Très belle épreuve sur papier teinté. Rare.

104 — — La Mort de Poniatowski, — L'Aumônier du régiment, — Bienfaisance des Françaises envers les prisonniers espagnols, etc. Cinq pièces.

105 — **Martinet** (Ach.). Le Plafond d'Homère, d'après Ingres, in-fol. Epreuve avant la lettre sur chine.

106 — **Mathey** (A.). Les Enfants de Charles Ier, d'après Van Dyck. Très belle épreuve.

107 — **Meissonier** (d'après). Son portrait, par Wallet, in-fol. Epreuve d'artiste avec dédicace, signée.

108 — — Le Liseur, — Hallebardier, par Boilot. Deux pièces, épreuves d'artiste avec remarques.

109 — — L'Audience, par Carey. Très belle épreuve sur chine, grand papier.

110 — Sous le balcon, — Joueur de mandoline, par Gilbert. Deux pièces, épreuves de remarque sur parchemin, signées.

111 — **Meissonier** (d'après). Le Défilé de Nancy, par Jacquemart. Belle épreuve.

112 — — Le Graveur, par Rajon. Epreuve d'artiste sur chine.

113 — — Polichinelle, par Rajon. Epreuve d'artiste sur japon.

114 — — Les Amateurs, par Vion. Epreuve d'artiste sur chine, signée.

115 — — La Chanson, par Vion. Epreuve d'artiste avec la première remarque et avant le cuivre rogné, sur japon, signée.

116 — — La même estampe. Epreuve d'artiste avec la seconde remarque, le cuivre rogné du bas, sur parchemin, signée.

117 — — La Confidence, par Vion. Epreuve d'artiste sur japon, signée.

118 — — Défilé des populations lorraines à Nancy, par Jacquemart, — Une Reconnaissance dans la neige, par Lalauze, avant la lettre. Deux pièces.

119 — — Joueur de mandoline, lithog. par Mouilleron, — Causerie, par Alf. Robaut. Deux pièces.

120 — — Polichinelle, par A. R., — Le Sergent recruteur, par Hédouin. Deux pièces, très belles épreuves sur chine.

121 — — Les Lansquenets, par Sirouy, — Le Joueur de mandoline, par Mouilleron, — Défilé des populations lorraines, par Jacquemart, — Barricade en 1848, par De Mare. Quatre pièces.

122 — — Sujets divers gravés à l'eau-forte et héliogravures. Neuf pièces.

123 — **Méryon** (Ch.). Bain froid Chevrier. Très belle épreuve, toute marge.

124 — **Millet.** Sujets divers, la plupart gravés à l'eau-forte. Dix-neuf pièces.

125 — **Monnier** (Henri). Sujets tirés de différentes suites. Vingt-sept pièces en noir et coloriées.

126 — **Mordant** (D.). A l'église, d'après Jean **Béraud.** Epreuve d'artiste sur japon, signée.

127 — **Morse** (A.). Adelina Patti, in-4. Très belle épreuve d'artiste sur chine, signée.

128 — **Mouilleron.** Rembrandt dans son atelier, d'après Pienemann, — Troupeau au pâturage, d'après Troyon. Deux pièces, très belles épreuves avant la lettre.

129 — **Mouilleron** et Eug. **Leroux.** Titres de romances et sujets d'après les maîtres modernes. Trente-trois pièces.

130 — **Nanteuil** (Célestin). Titres de romances. Soixante-sept pièces avant la lettre.

131 — **Nanteuil** et Louis **Boulanger.** Portrait de Pétrus Borel, — Frontispices et lithographies d'après divers, — Chasses au loup et au tigre. Vingt-cinq pièces.

132 — **O'Connell** (Mme). Son portrait, — La Madeleine, etc. Quatre pièces, très belles épreuves.

133 — **Pigal.** Mœurs parisiennes, etc. Vingt pièces en noir et coloriées.

134 — **Pirodon** (Eug.). Un Sauvetage, d'après Renouf, in-fol. Epreuve de remarque.

135 — **Plattel.** Revue des théâtres. Suite de sept pièces, très belles épreuves coloriées.

136 — — Croquis d'expressions, etc. Trente-quatre pièces.

137 — **Prudhon** (P.-P.). Une Lecture, — L'Enfant au chien, — Les Quatre heures du jour, etc. Onze pièces.

138 — **Raffet.** Combat d'Oued-Alleg. Très belle épreuve sur chine.

139 — — Combat d'Oued-Alleg. Belle épreuve sur chine.

140 — — Retraite de Constantine. Quatre pièces et la couverture.

141 — — Prise de Constantine. Cinq pièces.

142 — — L'ennemi ne se doute pas que nous sommes là, — Il est défendu de fumer,— De quoi vous plaignez-vous? — Ordre du jour. Quatre pièces, très belles épreuves.

143 — — Charge de hussards républicains, — Carré enfoncé, — Conquête de la Hollande, — De quoi vous plaignez-vous ? — Demi-bataillon de gauche, — Mon empereur, c'est la plus cuite, — La main, voltigeur, — Bonaparte en Egypte, — Bautzen. Neuf pièces, très belles épreuves.

144 — Représentant du peuple à l'armée du Rhin, — Demi-bataillon de gauche, — Napoléon à Waterloo, — Sujets du Voyage en Russie. Onze pièces.

145 — — Le représentant a dit. — 13 vendémiaire, — L'Inspection, — Le Guide et autres sujets tirés d'albums. Trente-deux pièces, belles épreuves.

146 — — Analyse de la pensée. Belle épreuve.

147 — — La Revue nocturne. Belle épreuve sur chine.

148 — — La Revue nocturne. Très belle épreuve coloriée, — Plus une épreuve avant toute lettre en noir, sur chine volant.

149 — — Le Réveil. Très belle épreuve, — Plus une copie.

150 — — Voyage dans la Russie méridionale et la Crimée, publié par Ernest Bourdin, in-fol. Un album demi-rel. contenant cent planches, très belles épreuves sur chine.

151 — — Sujets militaires tirés d'albums. Dix-neuf pièces, très belles épreuves.

152 — **Raffet.** Lithographies tirées d'albums. Trente-deux pièces du premier tirage.

153 — — Sujets tirés d'albums. — Costumes, — Portraits. Quatorze pièces.

154 — — Lithographies diverses. Vingt-deux pièces.

155 — **Raffet** (d'après). Vignettes tirées de l'*Histoire de la Révolution et de l'Empire*, des *Girondins*, etc. Cinquante-deux pièces, en grande partie avant la lettre et épreuves d'essai.

156 — — Escrime à la baïonnette, — Portraits pour l'*Histoire des Girondins* et vignettes diverses. Environ cinquante pièces.

157 — **Rajon** (P.). L'Indifférent, — La Finette, d'après Watteau. Deux pièces avant la lettre, dont une sur chine volant.

158 — — La Femme de Rubens et son fils, — La Femme au chapeau de paille. Deux épreuves d'essai non terminées.

159 — — Un Duel après le bal, — Un Chevalier, — Portraits de Canova et George Yonge, — Tête de jeune fille. Cinq pièces.

160 — — English beauty. Superbe épreuve d'artiste tirée sur papier vert.

161 — — Buveur flamand, in-fol. Épreuve de remarque sur parchemin.

162 — — Rouget de Lisle déclamant la *Marseillaise*, d'après Pils, grand in-fol. Très belle épreuve avant toute lettre sur chine.

163 — — Le Graveur, d'après Meissonier. Très belle épreuve d'artiste sur chine, signée.

164 — — Polichinelle, d'après Meissonier. Superbe épreuve d'artiste tirée sur chine volant.

165 — **Rajon** (P.). Portrait de M. Bracquemond en 1873. Épreuve du 1er état à l'eau-forte, sur chine volant.

166 — — Le même portrait. Superbe épreuve d'artiste, tirée sur papier vert, avec des croquis dans la marge du bas. Rare.

167 — — Le Docteur Mallez. Epreuve d'artiste sur papier ancien.

168 — — Le Docteur Pochin, d'après W. Ouless, in-fol. Epreuve avant toute lettre sur chine.

169 — — Portrait de Tennyson, in-fol. Epreuve d'essai non terminée.

170 — — Portrait d'homme, d'après Watts, in-fol. Epreuve avant la lettre sur chine, les noms d'artistes à la pointe.

171 — — Portrait d'homme, d'après Gérard Dow, — Gervatius, d'après Van Dyck. Deux pièces, très belles épreuves avant la lettre, dont une signée.

172 — — Lord Byron, — Chénier, — Steinheil, — La Finette, — La Femme de Rubens, etc. Quatorze pièces, épreuves d'essai.

173 — — Portraits et sujets de grand format. Neuf pièces non terminées.

174 — **Ramberg.** Joconde, — La Jument du compère Pierre, contes de La Fontaine. Deux pièces, très belles épreuves coloriées.

175 — **Ramus.** Eaux-fortes d'après différents maîtres. Quinze pièces, épreuves d'essai non terminées.

176 — **Raphaël** (d'après). Les Heures du Jour et de la Nuit, in-fol. Suite de douze pièces.

177 — — Les Loges du Vatican, lithogr. in-fol. Cinquante-deux pièces, avec texte.

178 — **Reynolds** (J.). Rév. Rich. Robinson, par J.-R. Smith, in-fol. Très belle épreuve.

179 — **Ribot.** Chasseur, — La Prière, — Portrait de M. Luquet. Trois pièces, dont deux avant la lettre.

180 — **Richomme** (Th.). Daphnis et Chloé, d'après Gérard. Épreuve avant la lettre sur chine.

181 — **Traviès, Bertall, Cham.** Lithographies originales. Dix pièces dont plusieurs avant la lettre.

182 — **Vallot.** Bonaparte aux Pyramides, d'après Gros. Épreuve avant la lettre, toute marge.

183 — **Varin** (P.-A.). Collection complète de quinze portraits pour l'illustration des *Graveurs du dix-huitième siècle*, in-8. Épreuves avant toute lettre, les noms d'artistes à la pointe.

184 — — La même collection. Quinze pièces à l'eau-forte pure. Très-rares.

185 — **Vergnes** (C.). Tête de femme, d'après Ribot, in-fol. Épreuve avant toute lettre, avec dédicace.

186 — **Vernet** (Carle et Horace). Cris de Paris, — Sujets militaires, — Études de chevaux. Vingt-deux pièces.

187 — **Vernier** (Em.). L'Angélus, d'après Millet. Épreuve avant la lettre sur chine.

188 — **Vibert.** La Toile d'araignée, affiche. Très belle épreuve.

189 — **Vion** (H.). Jeune Seigneur, d'après Van Eyck, — Au Bord de la mer. Deux pièces, épreuves d'artiste.

190 — — La Chanson, d'après Meissonier. Épreuve d'artiste sur japon.

191 — — La Confidence, d'après Meissonier. Epreuve d'artiste sur japon, signée.

192 — — Portrait de femme, d'après Rubens, — Ophélie, d'après Stevens, in-fol. Deux pièces, épreuves d'artiste sur japon.

193 — — Le Rieur, d'après Rembrandt. Très belle épreuve de remarque sur japon.

194 — **Vion** (H.). Eaux-fortes diverses. Treize pièces avant la lettre et non terminées.

195 — **Wallet.** Diane au bain, d'après Boucher, in-fol. Epreuve de remarque sur japon.

ESTAMPES EN LOTS

196 — Cris de Rome. Dix-sept pièces anciennes, imprimées en sanguine.

197 — Gravures du dix-huitième siècle et de l'Empire. Neuf pièces.

198 — Lithographies par Charlet, Eug. Delacroix, Decamps, Diaz, Géricault, H. Vernet. Trente-quatre pièces.

199. — Lithographies par Bonington, Jules David, Grénier, Joseph Félon, Lepoittevin, Prudhon, Rambert, Leop-Robert, Ary Scheffer. Soixante-quinze pièces.

200 — Eaux-fortes par Detaille, Gérome, Méryon, Rops, Ph. Rousseau. Six pièces.

201 — Eaux-fortes par Bonvin, Buhot, Chauvel, Gœneutte, Feyen-Perrin, Lançon, J. Laurens et autres. Vingt-six pièces, dont plusieurs avant la lettre.

202 — Eaux-fortes par Carolus-Duran, de Mare, de Goncourt, Hédouin, Lalanne, Martial, Rembrandt. Environ quarante pièces.

203 — Eaux-fortes modernes, en partie avant la lettre. Environ cent pièces.

204 — Gravures modernes en couleur et coloriées. Trente-huit pièces.

205 — Chevaux et sujets de chasse, d'après Carle Vernet et autres. Trente-trois pièces en noir et coloriées.

206 — Gravures diverses anciennes. Environ cent pièces.

207 — Gravures modernes in-fol. Dix-huit pièces.

208 — Gravures et lithographies grand format. Dix pièces.

209 — Scènes de la Révolution de 1830. Quatorze pièces lithographiées.

210 — Sujets tirés du journal *la Caricature* et autres. Trente-huit pièces.

211 — Caricatures anciennes et modernes. Quarante pièces coloriées.

212 — Caricatures de la Révolution et de la Commune de 1871. Cinquante-cinq pièces en noir et coloriées.

213 — Sujets militaires lithographiés et gravés. Trente pièces.

214 — Sujets relatifs à Napoléon Ier. Trente-deux pièces, la plupart avant la lettre.

215 — Costumes du moyen âge. Vingt pièces.

216 — Portraits divers gravés et lithographiés. Huit pièces.

217 — Portraits de femmes gravés et lithographiés. Environ soixante pièces.

218 — Recueil de portraits tirés des *Galeries historiques de Versailles*, in-fol. Un volume contenant environ cent cinquante pièces, la plupart à deux sur la feuille.

219 — Frontispices de l'époque romantique. Dix pièces.

220 — Frontispices anciens. Environ cinquante pièces.

221 — Frontispices modernes. Environ cent pièces.

222 — Adresses, menus, programmes, diplômes, ex-libris, couvertures de livres, calendriers. Environ cent pièces.

223 — Lithographies et gravures diverses. Environ quatre cents pièces. Sept lots.

224 — Gravures d'architecture, par Ch. Oury. Environ quinze cents pièces. Plusieurs lots.

AFFICHES ILLUSTRÉES

225 — **Chéret.** Affiches anciennes de petit format. Dix pièces.

226 — — Les Coulisses de l'Opéra, en deux feuilles, — Le Moulin Rouge, — Paris Courses, — Le *Courrier français* en couleur et en bistre, — Exposition de Blanc et Noir, — Plaza de Toros, — Jardin de Paris, — Revue fin de siècle. Neuf pièces.

227 — — Romans : L'Enfant prodigue, en deux feuilles, — Le Cocher de Montmartre, — Misères des Enfants trouvés, — Les Sept péchés capitaux, — Le Comte de Monte-Christo, — Les Trois mousquetaires, — Les Millions de M. Joramie, — Zezette, en deux feuilles. Huit pièces.

228 — — Partitions : Viviane, — Mlle Gavroche. Deux pièces.

229 — — Françoise de Rimini, les Turcs, la Farandole, la Quenouille de verre, la Reine Indigo, Hamlet, Aben-Hamet. Sept pièces.

230 — — Commerce. Aux Buttes-Chaumont, trois différentes, — Grands magasins du Louvre, — La Diaphane, deux différentes, — Pastilles Géraudel, — Apéritif Mugnier, trois différentes, — Casino d'Enghien, — Bagnères-de-Luchon, — L'Hiver à Nice. Treize pièces.

231 — **Chéret** et autres. Affiches diverses. Onze pièces.

232 — **Chéret, Willette** et autres. Couvertures et affiches. Dix-sept pièces.

233 — Affiches par Cél. Nanteuil et autres. Don César de Bazan, — Chants d'autrefois, — l'Echo des Feuilletons, — Almanachs. Douze pièces.

234 — Affiches par Clairin, Forain, Gil Baër, Grasset. Triomphe de la République, — Le Cid, — Elysée Montmartre, — Exposition des arts de la femme, — Théâtre de l'Odéon, — A la place Clichy. Six pièces.

235 — Buffalo-Bill. Chasse au buffle en six morceaux, plus deux autres. Huit pièces.

236 — Affiches par Chéret et autres, de grand format, collées sur toile et montées sur rouleau. Environ cent cinquante pièces. Seront vendues par lots.

DESSINS

237 — AUDY (J.). Biribi, vainqueur du prix du Château, à La Marche, 1864. Dessin à l'aquarelle, signé et daté.

238 — CAIN (Georges). Son portrait. A la mine de plomb, signé.

239 — DAUMIER, PAJOU, GRANDVILLE. Un Avocat, — Le Millionnaire, — Carte de visite, — Feuille de croquis. Quatre dessins au crayon et à l'aquarelle.

240 — DECKER (M. de). Etudes d'oiseaux. Quatre dessins à l'encre de chine, collés sur la même feuille. Ont été gravés.

241 — DESENNE (A.). Portrait d'Agnès Sorel. Joli dessin à l'encre de chine. A été gravé. — Plus le portrait de Desenne par Henriquel-Dupont.

242 — DESFRICHES. Paysage avec habitations. A la mine de plomb sur fond teinté. Signé et daté 1775.

243 — DUPENDANT. Dessins pour *Notre-Dame de Paris*, de Victor Hugo, in-fol. Trois aquarelles, signées.

244 — FRAGONARD (H.). Etudes de figures. Deux dessins à la sépia.

245 — GAILLARD (F.). Etudes de figures et de paysage. Quatre dessins au crayon et à l'aquarelle.

246 — HÉDOUIN (Edm.). Etudes de figures pour les œuvres de J.-J. Rousseau, — Portrait d'homme. Trois dessins à la mine de plomb.

247 — HERVIER. Vues d'habitations. Deux dessins à l'aquarelle.

248 — HILLEMACHER (E.). Etudes de figures. Deux dessins à la pierre noire, signés.

249 — JACKSON (W.). Ruines du château de la Gorraye, près Dinan. Aquarelle, signée.

250 — LA FARGUE, H. ROBERT, LA ROCQUE. Vue de Hollande, — Le Dessinateur, — Trompe-l'œil. Quatre dessins à la plume.

251 — LANÇON. Etudes d'animaux. Quatre dessins à la plume, signés.

252 — LE BRUN et PAJOU. Sujet du Nouveau Testament, — Statue d'un Père de l'Eglise. Deux dessins à la plume et à la sépia.

253 — LE BRUN, SUBLEYRAS, DE WITT. Callirhoé se plaignant à Jupiter, — Moine en prière, — Etude pour un plafond. Trois dessins à la sépia, à la sanguine et à l'aquarelle.

254 — LEHMANN (H.). Feuille de croquis. A la pierre noire et à la sanguine.

255 — MICHEL. Les Eaux de Saint-Cloud, — Une porte de Paris. Deux dessins à la pierre noire lavés d'aquarelle.

256 — PRÉVOST (J.). Paysages. Cinq dessins à la pierre noire et au fusain.

257 — RAFFET. Batailles. Trois croquis à la plume et à la sépia.

258 — SARAZIN. Paysages avec ruines et habitations. Deux dessins à l'encre de chine. Signés et datés 1777.

259 — — Vue d'Ivry. Dessin à la plume lavé d'aquarelle. Signé et daté 1782.

260 — SASSO-FERRATO (d'après). La Vierge et l'Enfant Jésus remettant le rosaire à deux religieux. Aquarelle sur vélin.

261 — SOMM (H.), L. ABBÈMA, DE BEAUMONT. L'Amour au cochon, — Portrait, — La Cruche cassée. Trois dessins à la plume et à l'aquarelle.

262 — SPRANGER, LUCA GIORDANO et B. LUTTI. Un Moine, — Sainte Famille, — La Madeleine dans le désert. Trois dessins à la plume et à la sépia.

263 — WICART (N.). Paysages, vues de Hollande. Deux dessins à l'encre de Chine. Signés.

264 — DIVERS. École française, dix-huitième siècle. Frontispice pour un recueil de plaidoiries, — Deux autres frontispices allégoriques. Ensemble trois dessins à la pierre noire et à la plume.

265 — — Deux suites de vignettes pour des ouvrages de la fin du dix-huitième siècle, in-12. Dix-neuf dessins à l'encre de chine. Ont été gravés.

266 — — Portraits attribués à Netscher, Van Schuppen, Van Dyck. Quatre dessins au crayon et à la sépia.

267 — — Esquisses, études et dessins divers. Neuf pièces.

268 — — Dessins divers et croquis. Vingt pièces.

269 — — Sujets et Paysages, — Vues d'Orient. Environ cinquante aquarelles.

270 — — Dessins anciens et modernes. Environ cent cinquante pièces.

En vente chez DUPONT Aîné, éditeur, rue de Seine, 21. Paris.

LES

ÉMAUX DE PETITOT

DU

MUSÉE NATIONAL DU LOUVRE

Collection de 50 Portraits

de Personnages historiques et de Femmes célèbres

DU SIÈCLE DE LOUIS XIV

GRAVÉS AU BURIN PAR **M. L. CERONI**

De format in-8°, tirés in-4°

Pouvant servir à l'illustration des *Lettres de Madame de Sévigné*, des *Mémoires de Saint-Simon* et de tous les ouvrages du temps.

LISTE DES PORTRAITS

Jean Petitot.
Anne d'Autriche.
Le marquis de Barbezieux
Catinat.
Christine de Suède.
Colbert.
Mme de Combalet.
La princesse de Condé.
Le grand Dauphin.
Mme Deshoulières.
Mlle Dupré.
Mlle de Fontanges.
Gaston d'Orléans.
Anne de Gonzague.
Le comte de Grignan.
Mme de Grignan.
Henriette d'Angleterre.
La Rochefoucauld.
Mlle de Lavallière.
Le marquis de Lavardin.
Mme de Longueville.
Marguerite de Lorraine.
Louis XIV jeune.
Louis XIV.
Mme de Ludres.
Mme de Maintenon.
M. de Malezieu.
Marie-Louise d'Orléans.
Marie-Thérèse d'Autriche.
La duchesse de Mazarin.
Monsieur, frère de L. XIV
Mme de Montbazon.
Mme de Montespan.
Mlle de Montpensier.
La dsse de Montpensier.
Ninon de Lenclos.
La comtesse d'Olonne.
La dsse de Portsmouth.
Richelieu.
Claude Sarrau.
Mme Scarron.
Mme de Sévigné jeune.
Mme de Sévigné.
Mme de la Suze.
Mme de Thianges
Tourville.
Turenne.
Mlle de Valois.
Le mis de Villarceaux.
Villars.

Tous les portraits se vendent séparément :

Sur papier blanc. **1** fr. — Sur papier du Japon. **2** fr.

La collection complète :

Sur papier blanc. . . . . **40** fr.

Sur papier du Japon. . . . . **80** fr.

Imp. D. Dumoulin et Cie, à Paris.

www.ingramcontent.com/pod-product-compliance
Ingram Content Group UK Ltd.
Pitfield, Milton Keynes, MK11 3LW, UK
UKHW022150260726
13993UKWH00005B/2265